Meine ersten 270 Wörter auf

BAIRISCH

Mit Zeichnungen von Johannes Kolz

WAS MAN SO MACHT

Boàndlgrama
der Tod

jodeln
typische Art zu singen

babba
kleben

schbaim
sich übergeben, spucken

faregga
sterben

obandln
flirten

Fingahaggen
bayerische Sportart

schnaggsln
Liebe machen

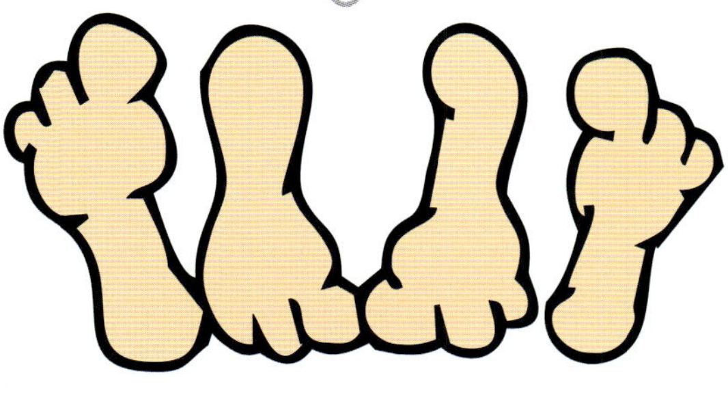

Wadschn
Ohrfeige

ZU HAUSE

Glump
minderwertige Ware
Bodschambal
Nachttopf
dreggad
schmutzig
Haisl
Toilette
Blafon
Zimmerdecke
Edäsch
Stockwerk
Badärr
Erdgeschoss
Drebbm
Treppe
Diàl
Türe

Gschbusi
Liebhaber(-in), Freundin
daessn
zu Ende essen, aufessen
Hoiz foà da Hiddn
großer Busen
Janka
Trachtenjacke
hogga
sitzen
Buidl
Bild
Diddn
Tüte
Babbadeggl
Pappkarton
Kambbe
Kamm

IN DER KÜCHE

Kich
Küche
Hōfa
Topf
Pfandl
Pfanne
Gmiàs
Gemüse
foigfresn
satt
Gnofe
Knoblauch

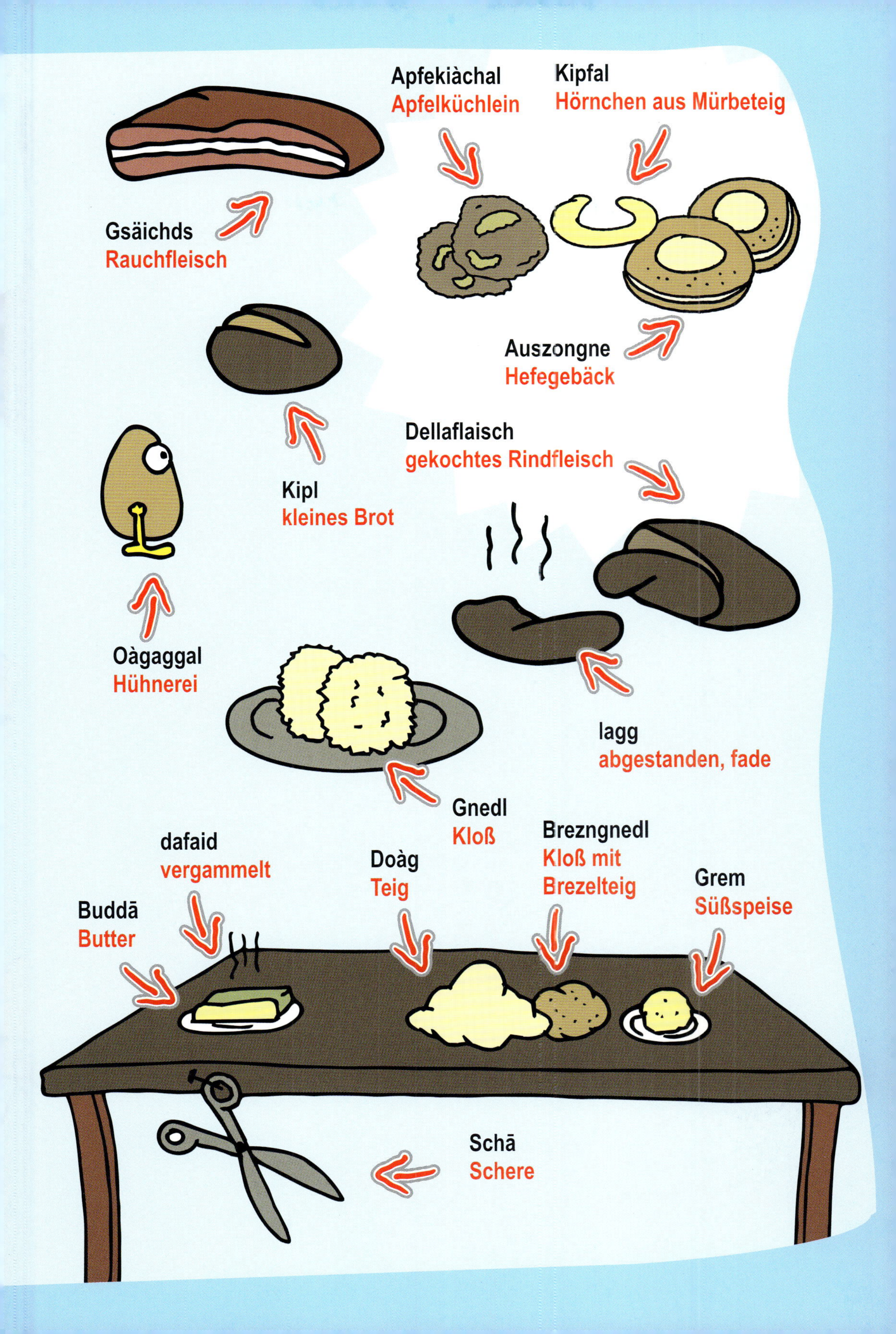
Apfekiàchal
Apfelküchlein
Kipfal
Hörnchen aus Mürbeteig
Gsäichds
Rauchfleisch
Auszongne
Hefegebäck
Dellaflaisch
gekochtes Rindfleisch
Kipl
kleines Brot
Oàgaggal
Hühnerei
lagg
abgestanden, fade
Gnedl
Kloß
dafaid
vergammelt
Doàg
Teig
Brezngnedl
Kloß mit
Brezelteig
Grem
Süßspeise
Buddā
Butter
Schā
Schere

DRAUSSEN

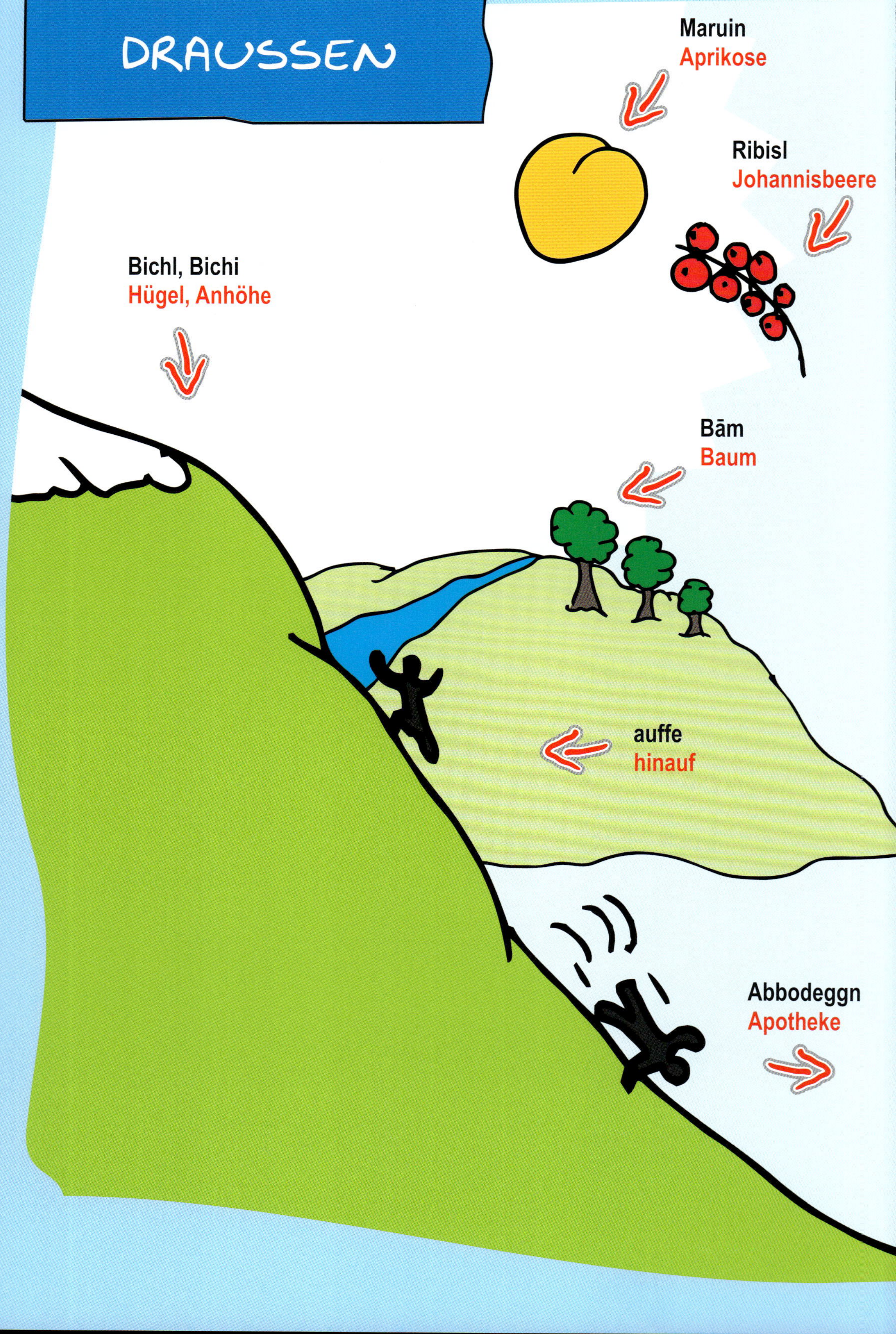
Maruin
Aprikose
Ribisl
Johannisbeere
Bichl, Bichi
Hügel, Anhöhe
Bām
Baum
auffe
hinauf
Abbodeggn
Apotheke

Gäiberuam
Karotte

Fàgge
Ferkel

Baz
Schlamm, Dreck

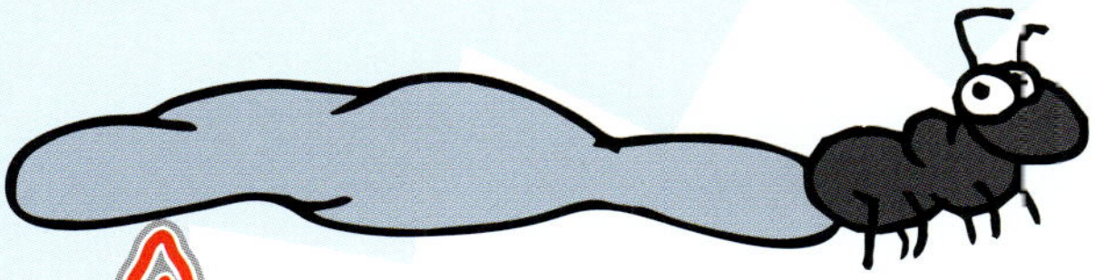

Emsn
Ameise

Dreglagga
Pfütze

Eàdäpfe
Kartoffeln

Gaudi
Ausgelassenheit, Spaß

Biwal
Küken, kleiner Vogel

IN DER KNEIPE

Massgruàgschdemma
Mass mit ausgestrecktem Arm so lange wie möglich halten

Radla
Helles mit Zitronenlimonade

Koda
Kater

blädgsuffa
nicht mehr klar denkend

Duàschd
Durst

Mass
Bierkrug zu 1 Liter

Hoiwe
1/2 Liter Bier

Fuizl
Bierdeckel

zam
zusammen, gemeinsam

Hund
schlauer Kerl

WICHTIG!
HAWEDIÄRE!
Guten Tag; Auf Wiedersehen
FAGÄIDS GOD
Gott vergelte
ZEFIX
verdammt noch mal
MINGA
München
DUDDLN
(großer) Busen
DUSL
Glück

GRIÀS DE!
Grüß dich!
KRUZIDIÀGGN
verflixt noch mal
OBACHT
Achtung
GFUI
Gefühl
SCHMAIZLER
Schnupftabak
AGGURAD
ganz genau
GÄI?
nicht wahr?
QUASI
etwa, ungefähr
AWO
im Gegenteil

WAS MAN NOCH SO MACHT

aufmandln
den Starken markieren

aso?
tatsächlich

bussln
sich küssen

aufs Mai!
auf den Mund!

aufmischn
verhauen, verprügeln

inkommodian
stören
brogga
pflücken
graxln
klettern

DER MENSCH

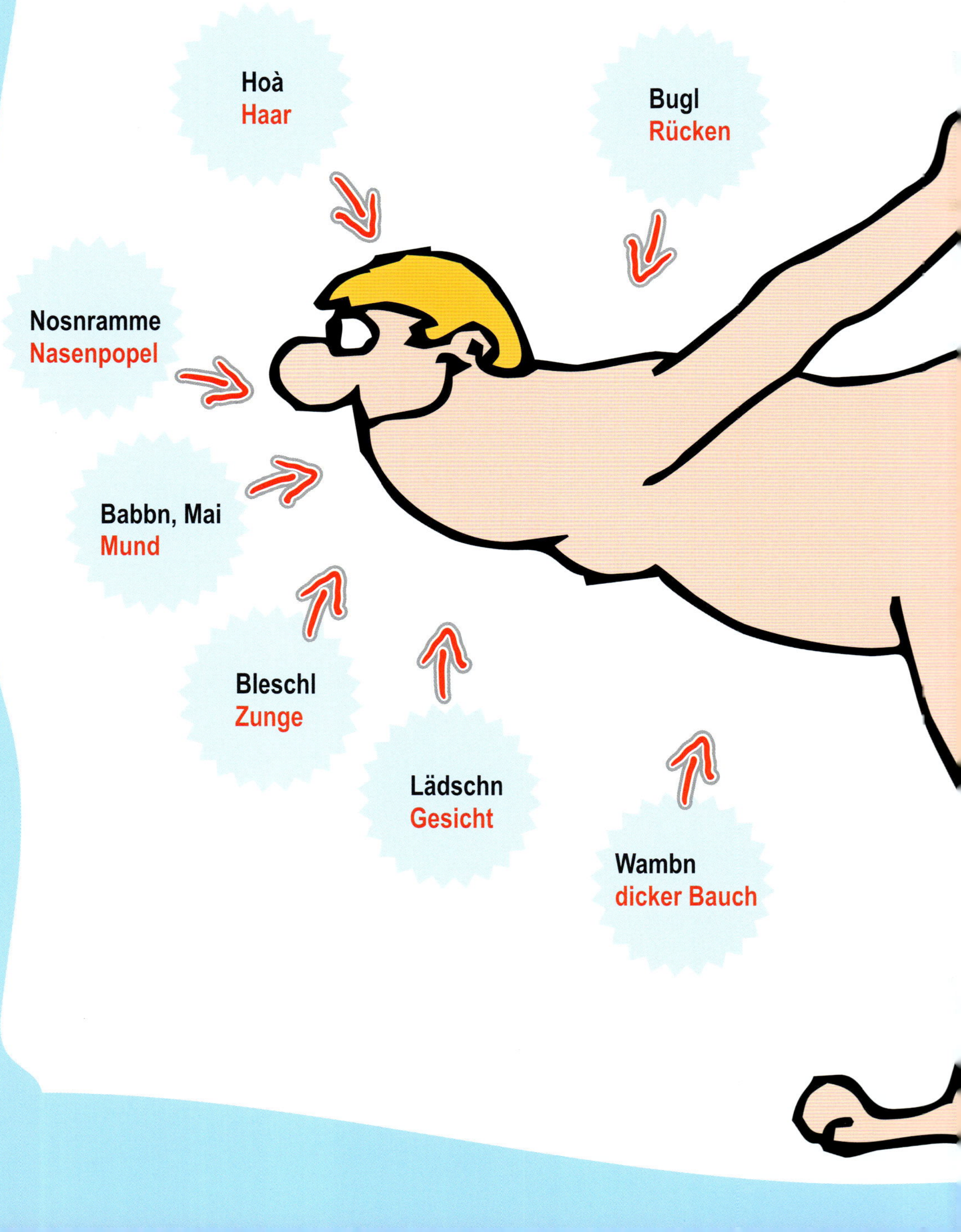
Hoà
Haar
Bugl
Rücken
Nosnramme
Nasenpopel
Babbn, Mai
Mund
Bleschl
Zunge
Lädschn
Gesicht
Wambn
dicker Bauch

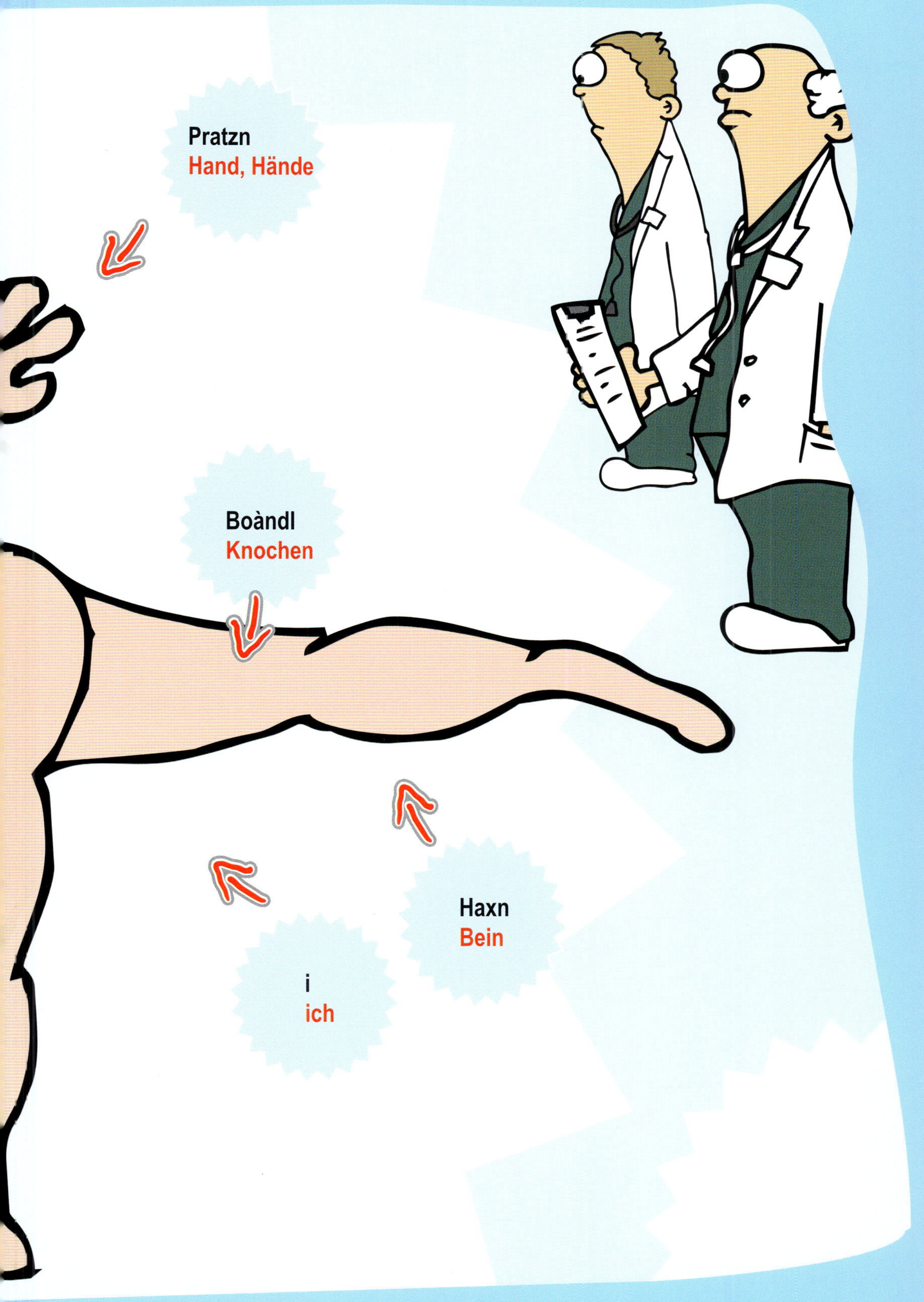
Pratzn
Hand, Hände
Boàndl
Knochen
Haxn
Bein
i
ich

MENSCHEN

Oide
Ehefrau

Bua
Junge; Soh

Oida
Ehemann

Babba
Vater, Papi

dantschig
hübsch angezogen

da Gloà
der Kleine,
das Kind

Driedschler
langsamer Mensch,
der nicht vorwärts kommt

Baze
hinterhältiger Mensch

Däbb
Depp

Drazn
Person, die gerne andere ärge

Dreghamme
unausstehliche Person
Mansbuid
ausgewachsener Mann
Aigschnabbda
schnell beleidigter Mensch
Schandamarie
Polizei
POLIZEI
PO
Grosskopfada
Bonze, Aufschneider
mià
wir
Mō
Mann
Preiss
Preuße
Fedafuxa
penibler Mensch

ESSEN UND TRINKEN

Gummiadla
Huhn

Hendl
gegrilltes Huhn

Gschnezlds
geschnittenes Fleisch mit Soße

Kraudwiggal
Krautrouladen

Schwammal
Pilz

Gleznbrod
gedörrtes Birnenbrot

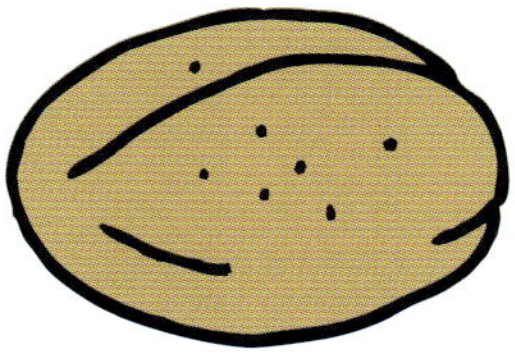

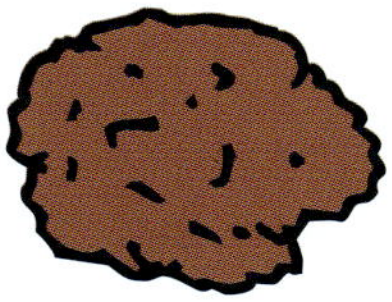

Semme
Brötchen

Fleischpflanzl
Frikadelle

Fleischpflanzlsemme
Frikadellenbrötchen

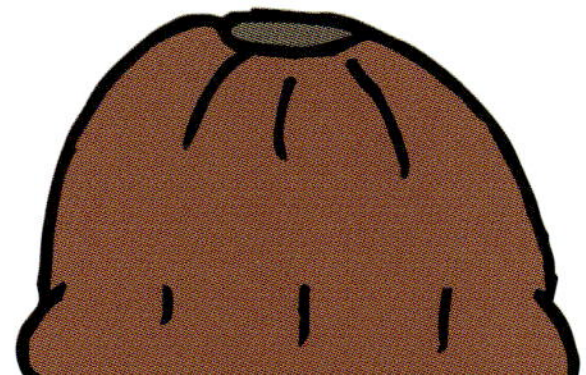

Guglhupf
runder Hefekuchen

Obazda
Käsespezialität

Raiwadatschi
Kartoffelpuffer

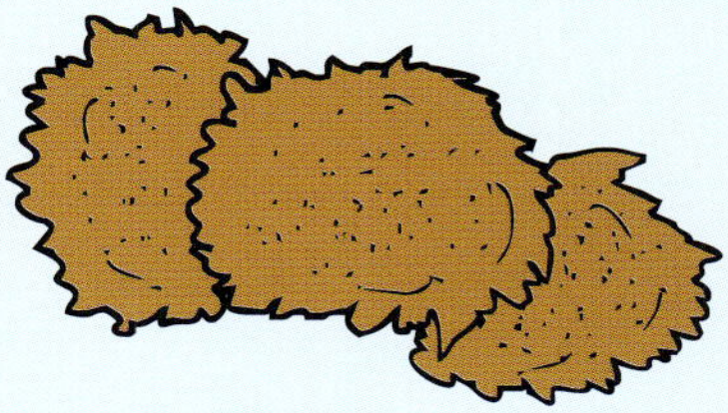

Jagadä
Rum mit Tee

Zwiewe
Zwiebel

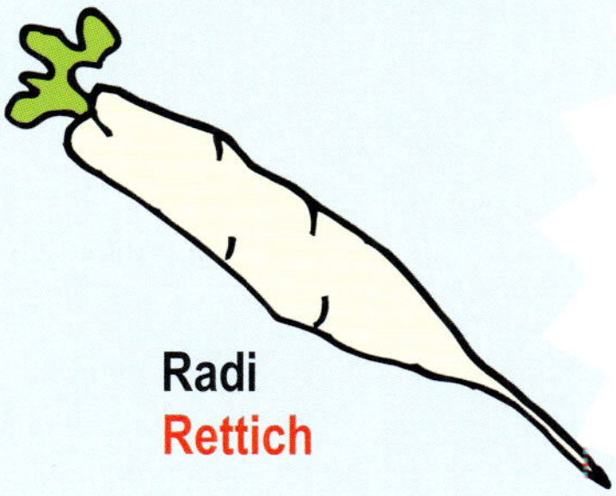

Radi
Rettich

Brennsubbn
Suppe armer Leute

Dampfnui
Hefekloß

Brezn
Brezel

Lewagnedl
Leberknödel

Lewakās
Leberkäse

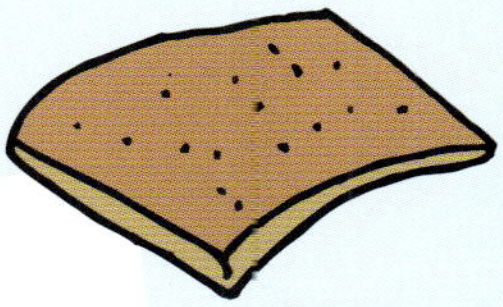

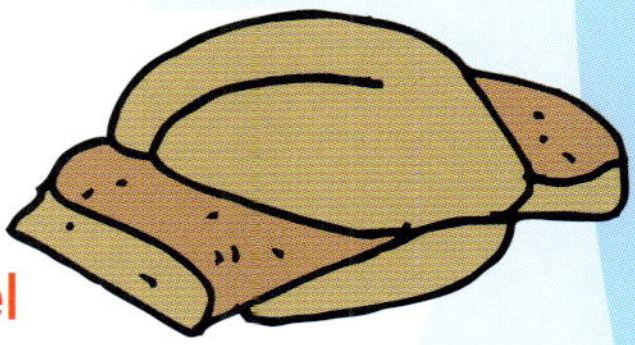

Lewakāssemme
Leberkäsesemmel

Häis
bayerisches Bier
(untergärig)

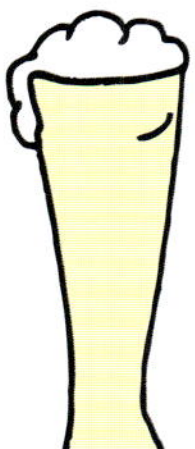

Waisbià
Weizenbier

Bäfflamott
saures Rindfleisch in
gebrannter Soße

WIE MAN SO IST

grantig
schlecht gelaunt

narisch
wütend

damisch
dumm, blöd, dämlich

däbbad
dumm, dämlich

gschaid
klug

gschmaidig
anschmiegsam

gschammig
schüchtern
gamsig
lüstern, läufig
gwambad
beleibt, dick
graislig
hässlich
hi
tot, kaputt, erschöpft
miàd
müde
gschdingad
faul

SCHIMPFWÖRTER

SCHLAWINER
gerissener Mensch
TRATSCHN
Klatschbase
SCHLAWACK
siehe Schlawiner
MUHACK
Stoffel
ZUAGROASTER
kein Bayer
ROTZBUA
Rotzlöffel
DRUTSCHN
einfältige Frau
BAZI
Schlingel, Gauner
FACKL
Schmutzfink
HIÀSL
dummer Kerl
URSCHL
einfältige Dame
BEIDL
Trottel
KRATTLER
Prolet
BANDLSCHICKS
aufgetakelte Frau

EINIGE WÖRTER

Abbodeggn - Apotheke

Aff - alberner, eitler Mensch

aggurad - ganz genau

Aigschnabbda - schnell beleidigter Mensch

Apfekiàchal - Apfelküchlein

aso - tatsächlich

auffe - hinauf

aufmandln - den Starken markieren

aufmischn - verhauen, verprügeln

aufs Mai - auf den Mund

Auszongne - Hefegebäck

awo - im Gegenteil

babba - kleben

Babba - Vater, Papi

Babbadeggl - Pappkarton

Babbn - Mund

Badärr - Erdgeschoss

Bäfflamott - saures Rindfleisch in Soße

Bām - Baum

Bandlschicks - aufgetakelte Frau

bastscho - alles klar

Batzenlippel - Tölpel

Baz - Schlamm, Dreck

Baze - hinterhältiger Mensch

Bazi - Schlingel, Gauner

Beidl - Trottel

Bettbrunzer - Bettnässer, Versager

Bichl, Bichi - Hügel, Anhöhe

Biwal - Küken, kleiner Vogel

blädgsuffa - nicht mehr klar denkend

Blafon - Zimmerdecke

Bleschl - Zunge

Boàndl - Knochen

Boàndlgrama - der Tod

Bodschambal - Nachttopf

Brennsubbn - Suppe armer Leute

Brezn - Brezel

Brezngnedl - Kloß mit Brezelteig

brogga - pflücken

bsuffa - betrunken

Bua - Junge; Sohn

Buddā - Butter

Bugl - Rücken

Buidl - Bild

bussln - sich küssen

da Gloà - der Kleine, das Kind

Däbb - Depp

däbbad - dumm, dämlich

daessn - zu Ende essen, aufessen

dafaid - vergammelt

damisch - dumm, blöd, dämlich

Dampfnui - Hefekloß

dantschig - hübsch angezogen

Dellaflaisch - gekochtes Rindfleisch
Diàl - Türe
Diddn - Tüte
Diredare - Bargeld
Doàg - Teig
Drazn - Person, die gerne andere ärgert
Drebbm - Treppe
dreggad - schmutzig
Dreghamme - unausstehliche Person
Dreglagga - Pfütze
Driedschler - langsamer Mensch
Drutschn - einfältige Frau
Duàschd - Durst
Duddln - (großer) Busen
Dusl - Glück

Eàdäpfe - Kartoffeln
Edäsch - Stockwerk
Emsn - Ameise

Fackl - Schmutzfink
fagäids God - Gott vergelte
Fàgge - Ferkel
faregga - sterben
Fedafuxa - penibler Mensch
Fingahaggen - bayerische Sportart
Fleischpflanzl - Frikadelle
Fleischpflanzlsemme - Frikadellenbrötchen

foigfresn - satt
foischa Fuchzga - Betrüger
Fuchzga - Fünfziger
Fuizl - Bierdeckel

gäi? - nicht wahr?
Gäiberuam - Karotte
gamsig - lüstern, läufig
Gaudi - Ausgelassenheit, Spaß
Gfui - Gefühl
Gleznbrod - gedörrtes Birnenbrot
Glump - minderwertige Ware
Gmiàs - Gemüse
Gnedl - Kloß
Gnofe - Knoblauch
graislig - hässlich
grantig - schlecht gelaunt
graxln - klettern
Grem - Süßspeise
Griàs de! - Grüß dich!
Grosskopfada - Bonze, Aufschneider
Gsäichds - Rauchfleisch
gschaid - klug
gschammig - schüchtern, prüde
Gschbusi - Liebhaber(-in), Freundin
gschdingad - faul
gschmaidig - anschmiegsam
Gschnezlds - geschnittenes Fleisch mit Soße

Guglhupf - runder Hefekuchen

Gummiadla - Huhn

gwambad - beleibt, dick

Häis - bayerisches Bier (untergärig)

Haisl - Toilette

Haring - dünner Mensch

Hawediäre! - Guten Tag; Auf Wiedersehen

Haxn - Bein

Hendl - gegrilltes Huhn

hi - tot, kaputt, erschöpft

Hiàsl - dummer Kerl

Hirsch - Narr

Hoà - Haar

Hōfa - Topf

hogga - sitzen

Hoggableiba - Gast, der nicht gehen will

Hoiwe - 1/2 Liter Bier

Hoiz foà da Hiddn - großer Busen

Hund - Hund; schlauer Kerl

i - ich

inkommodian - stören

Jagadä - Rum mit Tee

Janka - Trachtenjacke

jodeln - typische Art zu singen

Kambbe - Kamm

Kich - Küche

Kipfal - Hörnchen aus Mürbeteig

Kipl - kleines Brot

Koda - Kater

Krattler - Prolet

Kraudwiggal - Krautrouladen

kruzidiàggn - verflixt noch mal

Lädschn - Gesicht

lagg - abgestanden, fade

Lamperl - kleine Birne

Lamperl - kleines Lamm

Lewagnedl - Leberknödel

Lewakās - Leberkäse

Lewakāssemme - Leberkäsesemmel

Mai - Mund

Mansbuid - ausgewachsener Mann

Maruin - Aprikose

Mass - Bierkrug zu 1 Liter

Massgruàgschdemma - Mass halten

mià - wir

miàd - müde

Minga - München

Mō - Mann

Muhack - Stoffel

Näga - Mischgetränk aus Cola und Weißbier
narisch - wütend
Nosnramme - Nasenpopel

Oàgaggal - Hühnerei
Obacht - Achtung
obandln - flirten
Obazda - Käsespezialität
Oida - Ehemann
oida Mō - alter Mann
Oide - Ehefrau
O´zapft is - Fassanstich

Pfandl - Pfanne
Platsche - Geheimisverräterin
Pratzn - Hand, Hände
Preiss - nichtbayerischer Mensch, Preuße

quasi - etwa, ungefähr

Radi - Rettich
Radla - Helles mit Zitronenlimonade
Raiwadatschi - Kartoffelpuffer
Ribisl - Johannisbeere
Rotzbua - Rotzlöffel

Saupreiss - extrem nichtbayerischer Mensch
Schā - Schere
Schandamarie - Polizei
schbaim - sich übergeben, spucken
Schlawack - siehe Schlawiner
Schlawiner - gerissener Mensch
Schmaizler - Schnupftabak
Schmarrn - Unsinn
schnaggsln - Liebe machen
Schwammal - Pilz
Semme - Brötchen
Servus - Hallo

Tratschn - Klatschbase

Urschl - einfältige Dame

Wadschn - Ohrfeige
Waisbià - Weizenbier
Wambn - (dicker) Bauch

zam - zusammen, gemeinsam
zefix - verdammt noch mal
Zuagroaster - kein Bayer
Zwiewe - Zwiebel

RUM!

© Illustration: Johannes Kolz
Umschlaggestaltung: konzept schriftlich, Tawern
Satz: alles-trier.de
Printed in Czech Republic 2015

ISBN 978-3-7306-0205-8

www.anacondaverlag.de
info@anacondaverlag.de